ACHTUNG:
PESTSELLER!

Georg Breinschmid
Günther »Gunkl« Paal
Achtung: Pestseller

Alle Rechte vorbehalten
© 2024 edition a, Wien
www.edition-a.at

Wortspiele: Georg Breinschmid
Illustrationen: Gunkl

Cover: Bastian Welzer
Satz: Michaela Kahler

Gesetzt in der Premiera
Gedruckt in Europa

1 2 3 4 5 — 27 26 25 24

ISBN: 978-3-99001-741-8

GEORG BREINSCHMID
GUNKL

Achtung: Pestseller!

... und mehr als 333 andere Wortspiele zum Totlachen

edition a

Zwischen zwischen und zwischen

Alfons Einstein, der niemals erwähnte Zwillingsbruder von Albert Einstein, war ein vereinsamter Mitarbeiter der Berner Stadtwerke. Während sein Bruder im dortigen Patentamt technische Neuerungen zu bewerten hatte und quasi nebenher seine spezielle Relativitätstheorie veröffentlichte, beschäftigte sich Alfons mit der Reinigung der städtischen Toiletten. Im Rahmen dieser Tätigkeit war er insbesondere für die Anschaffung, Bereitstellung und Verteilung des Toilettenpapiers zuständig. Als Beschaffer von Toilettenpapier in Form von Papierrollen, deren einzelne Blätter durch perforierte Streifen voneinander getrennt werden konnten, kam er im Jahre 1905, wenige Tage vor der Veröffentlichung seines Bruders, zu der umwälzenden Entdeckung, dass das Papier niemals an der dafür vorgesehenen Perforierung riss, sondern immer woanders.

Diese Erkenntnis ließ er sich noch im selben Jahr am Berner Patentamt patentieren und er machte ein Vermögen daraus. Denn die sich gerade neu entwickelnde Flugzeugindustrie litt an einem fürchterlichen Problem, das etliche Menschenleben kostete. Immer wieder rissen die Tragflügel der Flugzeuge vom Rumpf ab, was zum sofortigen Absturz der Maschinen führte. Alfons Einstein schlug deshalb vor, die Tragflächen am Flugzeugrumpf zu perforieren, denn dann würden sie nicht mehr abreißen. Für die Erbauer von Flugzeugen ein völlig unmöglicher Vorschlag. Allgemeine Ablehnung schlug ihm entgegen, dieser Vorschlag sei völlig hirnrissig, so die Reaktion der noch jungen Branche der Fluggeräte.

Die beiden Brüder trafen sich gelegentlich zu einem stark durch Alkoholkonsum geprägten Meinungsaustausch. So auch in diesen Tagen, in dem sie sich beide mit der deutlichen Ablehnung ihrer jeweils revolutionären Ideen auseinanderzusetzen hatten. Beide, sturzbesoffen, beschlossen deshalb der Welt zu zeigen, dass sie recht hatten. Und während Albert sich mit dem Zwischen zwischen Raum und Zeit beschäftigte und bewies, was daraus werden konnte, war Alfons der Nestor des Zwischens zwischen Tragflügel und Flugzeugrumpf. Er baute das erste Flugzeug mit perforierten Tragflächen. Es stürzte niemals ab! Und so wie Alberts $E=mc^2$ die Welt revolutionierte, so wurde Alfons ein reicher Mann mit seiner Erfindung, denn seitdem haben alle Flugzeuge dieser Welt eine Perforierung an den Tragflächen. Das unterbrochene Zwischen stabilisiert seitdem die fliegenden Giganten der Lüfte.

Albert und Alfons, zwei Helden des Zwischenraums, der Zwischenzeit und auch des Zwischendurchs. Beide sind Brüder im Geiste der beiden Autoren. Denn auch sie sind Suchende und Forschende im Zwischenreich, zwischen den Zeilen, zwischen den Wörtern und zwischen den Buchstaben, was allerdings angesichts ihrer Nationalität auch kein Wunder ist, denn der Normalzustand des Österreichers ist das Dazwischen. Das weiß ich aus erster Hand. Und so ist ihr drittes Buch ein weiterer Triumph auf der Suche nach dem, was sich dazwischen verbirgt. Hoffentlich wird es das Buch zwischen dem zweiten und dem vierten. Viel Vergnügen beim Lesen, aber Achtung: Zwischen dem Lachen das Atmen nicht vergessen.

Harald Lesch

Facebookposting eines Hirten:
Schafe sharen

Regisseur, der böse ist,
weil er kein Auto besitzt:
Carlos Saura

Problematisch:
Pannendreiecksbeziehung

Hirsch zum Genossen machen: Resozialisierung

Bezahlmöglichkeit in
Kannibalenrestaurant:
barfuß

Fälschliche Annahme,
narrische Schwammerl
gegessen zu haben:
das pilzt du dir nur ein

Kein Publikum:
Salär

Anweisung des Pfarrers
an den Messdiener:
Holkreuz

Umgänglicher Russe:
Sergey Mütlich

Der Fachmann sagte
die Unwahrheit:
Prolog

Werden bei Aufenthalten in mit
„N" beginnenden Dörfern ausgeschüttet:
N-Dorfine

*Das ist kein Amphibienfahrzeug:
Ni car agua*

Eigenschaft eines mallorquinischen Nazis: balearisch

Mein Vater stammt aus dem Baltikum: Palette

Beschimpfung unter Nagetieren: Hamster ins Hirn gschissn?!

Wunsch eines Schneiders:
Magnetisch

Wurmfortsatz:
Der Wurm ist fort

Hilft mit, Theaterstücke
auf die Welt zu bringen:
Bühnekologe

Tröstende Worte für Ödipus:
auch andere Töchter
haben schöne Mütter

Auto für Illiteraten:
AnAlfa Romeo

Was hat ein Gesteinsbrocken,
der bei einem Wettrennen vorne liegt?
Einen Felsvorsprung

Unbemannte labernde
Luftfahrzeuge:
Schwadronen

Ansprechpartner
bei Arztbesuchen
wegen grosser Übelkeit:
Brechstundenhilfe

Unzufriedenheit mit dem
Wellnessaufenthalt:
Kurkuma

Endlich, ich hatte schon
Nachrichten hinterlassen:
Produktrückruf

Abwesenheit von Bienen: Unsummen

Eigenschaft von kleinen Pfeilern aus
Metall, Holz oder Beton:
sie pollerisieren

Treten bei Fischen auf,
die sich für Vögel halten:
Staraalüren

Andere Spenderniere nehmen:
umdisponieren

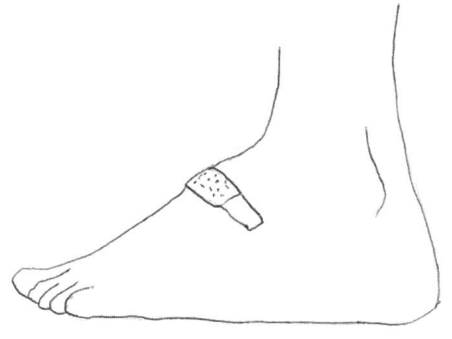

*Aufgabe eines Orthopäden
bei Fußverletzung:
Ristretto*

Geldparty:
Manifest

Wochenanfänge in Deutschland:
Demontage

Wird vom Staat an
Astrologen ausgezahlt:
Pendlerzulage

Geschäft, das kompakte Enden
für die Werke
unentschlossener Schriftsteller
oder Musiker anbietet:
Kurzschlusshandlung

Mensch, der seine kulturellen
Fähigkeiten in Vorarlberg erworben hat:
Homo bludens

Gekünsteltes Essen:
manieriertes Rindfleisch

Gut aufgelegte Mutter:
Hamam

Mittelmäßige Pflanze: Durchschnittlauch

Lieblingsgetränk von
Mark Twain:
Sawyer-Milch

Eine Hinterlassenschaft aufschlecken:
erblicken

Islamischer Vorort von Wien:
Burkasdorf

Zu viele Autos derselben Marke:
Überforderung

Befruchtung, die zur Entstehung von Druckerbestandteilen führt:
Tonerzeugung

Gymnastikverbot (ital.):
Notturno

Ermordet reihenweise
Apple-Software:
Sirial killer

Unwirkliche Fußballmannschaft:
Surreal Madrid

Zugeteilte Menge an
angesagter Kleidung:
Moderation

Behältnisse für kommunistische Abwehrhaltung: Trotzkisten

Initiationsritus: Saufnahmsprüfung

Rätselhaftes Verschwinden
von Partnern:
Bermudadreiecksbeziehung

Befehl an die Anwesenden,
auf einem Atlas Platz zu nehmen:
Alles auf eine Karte setzen

Bankrotter Betrieb:
Firmament

Fast ein Geldgeber: Mäneun

Mißlungenes Käsefondue: Wraclette

Verschiedene österreichische Orden: Austrian Ehrleins

Technische Probleme
bei der OMV:
Gazpacho

Sex vor einem
Barockgemälde:
vermeeren

Herrschsüchtige griechische Ehefrau:
Hausdrachme

Bericht über Sturz aus
deutscher Wochenzeitung:
Aus der Zeit gefallen

Hat ein feines Gespür für die
nächstgelegenen Toiletten:
Scheismograph

Hochalpines Klettern:
Klammern auf hohem Niveau

*Café wird abgehört:
Melauschangriff*

Geheimer Dienst zur Vergabe von
weiblichen Vornamen:
Sigrid Service

Rechtsextreme sportliche Betätigung:
Heil-Gymnastik

Prüft Friseure:
Bleichbehandlungskommission

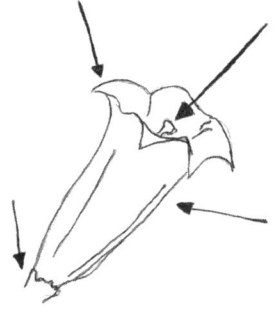

Bestandteile einer Gebirgspflanze:
Ingredienzian

Was macht Magnus Carlsen
in meinem Abfluss?
Den Rorschachtest

Tritt bei Bankbeamten auf:
Raiffeisenmangel

Hasspostings von
Facebookfreunden erhalten:
Blasenentzündung

Glücklich singender Hirsch:
Rehfreu

Erektionsprobleme: Mittelstand

Wenn ich jemanden
vorfahren lasse:
lasse ich ihn ahnen

Aussage von Tina Turner,
die eine Involvierung eines ehemaligen
tschechischen Präsidenten andeutet:
Vaclav got to do with it

*Umdrehmöglichkeit für Auto:
Karwendel*

Chinesisches Hindernis:
Hunannehmlichkeit

Befördert eigenhändig
Keramikprodukte:
Tonträger

Südosteuropäischer Zeitmesser:
Bulgur

Israelisches Duschgel für
Raubfische:
Haifa

Freundlicher
australischer Ureinwohner:
er bat mir das Didgeriduwort an

Produziert subventionierten Schas:
Fartist in residence

Treten in Therapien für
Bahnfahrsüchtige auf:
Entzugserscheinungen

Arzt auf Parkplatzsuche:
Parkemed

Fernsehsendung mit
talentiertem Gestein:
Karsting Show

Notwendig vor der Verabreichung von Zäpfchen: Einführungsgespräch

Satz mit japanischem Baum:
Er dachte, dass die
Hauptstadt Deutschlands
immer noch Bonsai

Gewalttätige Party:
Hieb- und Stichfest

Aussage über
hundeähnliches verhalten:
ich Belfast

Zusätzlicher Schäfer:
extrahiert

Tröstende Worte für
einen Bildhauer:
Mach dir keinen Kopf deswegen

Wenn Putin eine Klimakonferenz
ausrichten würde:
Russland wäre das Gasgeberland

Minderwertiges
Kosmetikprodukt:
Vichy-Vachy

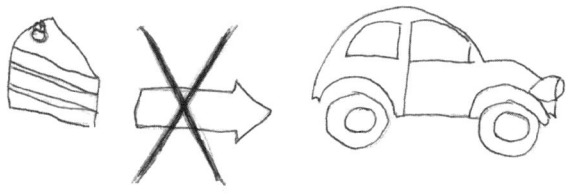

*Anweisung an die Süßspeise,
nie in einen Citroen zu steigen:
dolce far niente*

Kürzlich besuchte
russische Stadt:
Dawarigrad

Zerstörungswut
männlicher Geschwisterkinder:
zuneffemachen

Musterstier: Paradox

Wenn Konzertsäle an
einem Baukran hängen:
die Säle baumeln lassen

Stimmungsfoto:
Vibes-Bild

Eine unkündbare Domina ist:
prackmatisiert

Umgekehrt (engl.):
fairtrade

Gutschrift für langjährige
Kirchgänger:
Reuebonus

Russischer Schußwaffenfan:
Baller-Liker

Versammlungsort, an dem kritisch
über Josef gesprochen wird:
Anti-Sepp-Tisch

Angst vor Erdbeben:
ich seismisch an

Selbstsüchtige Eidechse:
Eguan

Monatsblutung von
literarischer Figur:
Faustregel

Wunsch des frustrierten
Spaßmachers:
sich aus den Clown des
Zirkus zu befreien

Weiblicher Kreiszahlfan:
Gru-3,14159

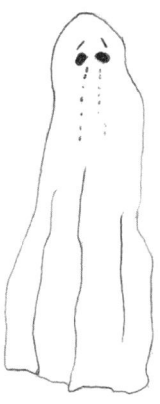

*Trauriges Gespenst:
Weingeist*

Beduinen, die sich
im Freien aufhalten:
Beduaussen

Verschwundenes Kleidungsstück:
Roquefort

Personen, die sehr oft
dänische Kronen verwenden:
chronische Dänen

*Zeichenvorlage für Hülsenfrüchte:
Bonus-Malus-System*

Logische Angabe am Beipackzettel:
Wo Benze drauf steht, ist Benzedrin

Hymne auf Heilsalbe: Bepanthem

Potenzmedikament für
Wiener Kutscher:
Fiagra

Geschäft mit großer Auswahl
an Laubbesen:
Rechenzentrum

Kein Gebiss in Form einer
geraden Fläche:
kein Plattform Mund

Gegen Nüsse immunisiert:
Aschantikörper

Sehr populäre Teigwaren:
Blockpasta

Langweiliges Gruppenmitglied
nicht mehr auffindbar:
den Faden verloren

Psychotherapie:
Weinbegleitung

*Zu früh mit dem Rauchen
begonnen:
Nikoteenager*

Heirat, aus Sicht der Eltern
der Brautleute:
enkelerregend

Baldiges Ende:
Ausgleich

Doppelgänger von
Hans Christian Andersen:
Hans Christian Gleichersen

*Rasenpflege nicht selbst
machen müssen:
mäandern*

Kaputtes Geschenk:
Hingabe

Keine administrativ-
territoriale Einheit:
Antivinz

Illegal entwendetes Eigentum
der VOEST:
Diebstahl

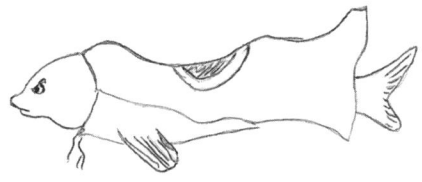

Hervorragendes Meerestier (engl.):
superficial

Persisches Trinkgefäß:
Persiflage

Fernsehshow, die sich um
Reagenzgläser dreht:
Eprovetten, dass..?

Wenn ein Urologe
am Bauernhof urlaubt:
hört er morgens immer
den Hahn röhren

Additive Erzählung:
Mehrchen

Herunterstürzende Dinge:
Falstaff

Sehr gut verkauftes Nazibuch:
Bestsellner

Organisiert russische
Auftaktveranstaltungen:
Vladimir Kikov

Kommunistisches Mitglied der Beatles:
John Lenin - und sein Gegenspieler:
Paul McCarthy

Sterilisierender Name:
Thomas Vasek
(Vasek Tommy)

Haben sich Behausungen gebaut:
Indoorgermanen

Mutterhündin:
Dogma

Bedeutung einer Schabe:
Relewanz

Faustregel für Bodybuilder:
je Schwarzenegger, desto Steron

*Oktoberfest vorbei:
Ausmaß*

Versteinerte Pasta:
Fusilien

Bodylotionverwendende
höhere Macht:
straffender Gott

Gesänge bei
Burschenschaftertreffen:
Liederbetätigung

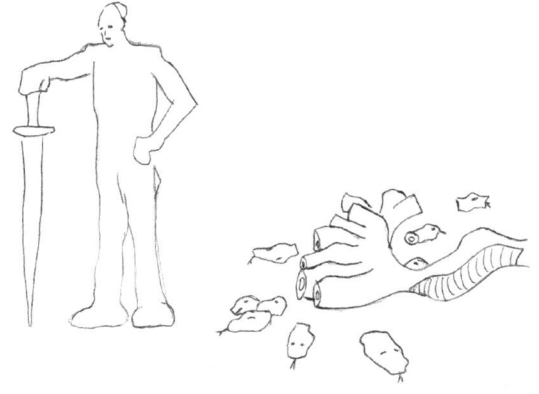

*Alle neun Köpfe abgeschlagen:
dehydriert*

Sehr kleines Gebäck:
Embrioche

Mitteilung über das Erblicken eines potenziellen Warenabnehmers:
Sekunde

Arschlochfeier:
Afterparty

*Enttäuschung über
ungekochte Lebensmittel:
Rochade*

Bei Bewerbungsschreiben für
die Letzte Generation beizulegen:
Klebenslauf

Anwesenheitspflicht virtuell erfüllt:
„Ich war avatar!"

Katzenschreibtisch:
Katapult

Dem Satan unterworfen:
hellhörig

Gefängnisaufenthalt eines
rumänischen Buches (engl.):
book arrest

Unerlaubte Erwähnung von
arabischen Waren oder
Dienstleistungen:
Scheichwerbung

Für Überweisungen nach
Afghanistan benötigt:
Tal-IBAN

Skeptischer Nachwuchs:
zweifelsohne

Vorgesetzte zu einem Ort mit
Flüssigkeitsmangel führen:
seine Chefchen ins Trockene bringen

*Herunterladbare
Klostervorsteherin:
App Tissin*

Einladung zur Beteiligung
an Kugelspiel in Südostasien:
Come Boccia

Unter Zwang zum Gesangswettbewerb:
forcing

Gespräch mit früherer Partnerin
bzw. früherem Partner:
Exkommunikation

Motto der FPÖ:
Mehr Primat, weniger Staat

Vorurteile gegenüber
französischem Nagetier:
Resautimaus

Akademischer Tinnitus:
Tutor

Entdeckung einer
in einem Chinesischlehrbuch
vorkommenden männlichen Person:
es war ein Mandarin

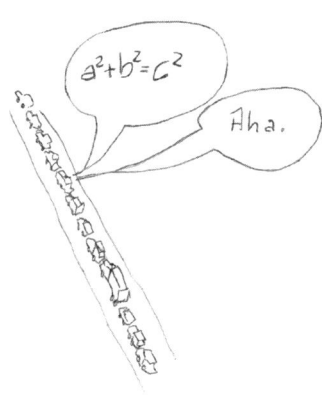

Sich Wissen aneignen, während man sich in zähflüssigem Strassenverkehr befindet:
Staubildung

Belangloses Sommerfestival:
Salzburger Weichspiele

Kommentar von Jackie Kennedy
während einer Fahrt mit der Yacht
ihres Ehemannes:
O, nass is'

Übermäßige Fütterung von
Mobiltelefon:
Handymast

Geisterhund: Parawau

Missgeschick Gottes:
Upsalla

Ich kann meine Kontaktlinsen nicht finden, wo sind sie denn? (lat.):
nolens volens

Von Rechtsanwalt vertretener italienischer Dichter:
Mandante Alighieri

Der Wunsch, in 1160 Wien mit
einem Wassermarder
beschenkt zu werden:
Ich würd gern einen Ottakring

Ein Gebet imitieren:
nachamen

Merkmal von Unternehmen,
deren Angestellte
keine Aufstiegschancen haben:
karrierefreier Eingang

Sehr starker Zweifel:
Dreifel

Süßstoff hinzufügen:
suggerieren

Neuzeitlich adaptiertes Bibelzitat:
An ihren Daten sollt ihr sie
erkennen

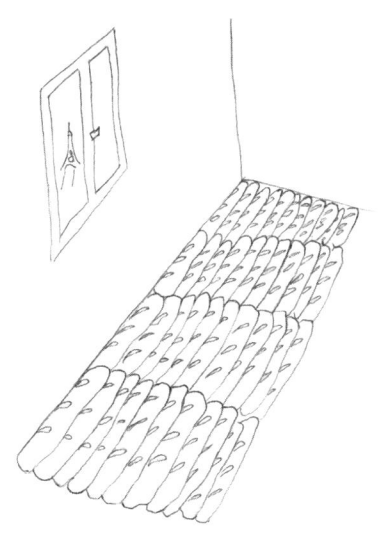

*In vielen Pariser Wohnungen
vorzufinden:
Baguetteboden*

Bobo-Kartenspiel:
Biobauernschnapsen

Subventionierte Musikgruppe:
Förderband

Markante Eindrücke aus Vorarlberg:
die Zeit in der Hauptstadt war für mich
am bregenzten

Finanzieller Anreiz,
um Frösche in eine bestimmte
Himmelsrichtung zu bewegen:
Unk-Osten-Beitrag

Religiöser Werkstoff:
Islaminat

Verschluß von Früchtebehältnis (engl.):
obstacle

Einzelnes Buch über eine Frau
mit Zauberkräften:
Hexemplar

Ideales Datum für Ausritt in kleiner, unattraktiver Ortschaft:
Kaff-Reit-Tag

Erschöpfung der
oberen Extremitäten:
Fingerfertigkeit

Österreichische Tageszeitung
in Konkurs schicken:
auskurieren

666:
Luziffer

Ablehnung von Ballettschülern:
Nein Eleven

Philosophierender Soldat:
Gwehrdenker

Kostspieliger Herzspezialist:
Kreditcardiologe

Der ehemaligen Partnerin
Hummus anbieten:
exhumieren

„Human beings" von
Englisch zu Englisch übersetzt:
mention

Parfümsüchtig:
auf Axe sein

Populärer medizinischer Ratgeber
im Mittelalter:
Pestseller

Wird Nazi-Astrologen
vorgeworfen:
Widderbetätigung

Ist medizinisch extrem interessiert:
Lymphomanin

Begrüßungsservice
für Heinz Strunk:
Willkommenstrunk

*Waldarbeiterin:
Först Lady*

Die Pasta war so schlecht:
ich hab geglaubt ich farfalle

Insekt auf Konzertreise:
Turbine

Zahnersatz:
Ich bin ein Zahner

*Aus einem Gotteshaus heraus
die Notdurft verrichten:
aus der Kirche austreten*

Der Zwang, als Diktator
posieren zu müssen:
Adipositas

Telefonanschluss von Peter Klien:
Klientel

Misswirtschaft in
Gesangsvereinen:
Chorruption

*Jemandem ein
junges Pferd nahegelegt:
empfohlen*

Geständnis bezüglich dem illegalen
Entwenden eines sowjetischen
Gegenstandes:
ich stalingrad

Zeitraum des Pendelns zwischen
Wien und der Steiermark:
Wechseljahre

Mehrere Täter:
Tetris

Erschöpfter Schriftsteller:
Thomas Burnout

Das Sakko steht dir gut:
Anzügliche Bemerkung

Großmütterlich:
ominös

Gedanke:
Autostopper schauen oft
mitgenommen aus

Bei einer Flasche Most klingeln:
Sturmläuten

Thrillermärchen:
Grimmi

Aussage von pflichtbewusstem Ungarn:
ich zoltan langsam gehen

Computerorte in Niederösterreich:
Wiener Neustart, Cybersdorf

Schiefe Körperhaltung
nach Alkoholkonsum:
Zuneigung

Etliche Leute mit demselben Vornamen:
Scharwenzel

*Ergebnis von
akustischem Missverständnis:
ein Liter Rattenkaffee*

Von Kot umgeben:
zwischen den Stühlen

Nicht mehr rechtsgültige Begeisterung:
veryeaht

Höhere Kältesensibilität
durch Glatze:
Kalkül

*Ohne Stichwaffe:
unbeschwert*

Prüfung für Tontechniker:
Wokabel-Test

Organ von persischem Herrscher:
Schaniere

Unbehagen in Tanzlokal (engl.):
discomfort

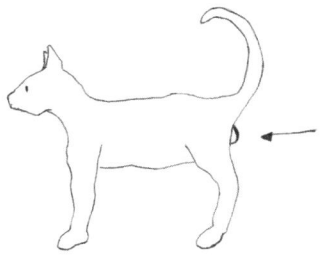

*Merkmal einer männlichen Katze:
Indikater*

Wo trägt man sich nach dem Ableben eines venezianischen Bootsfahrers ein:
In das Gondolenzbuch

Auf kleine Geister aufpassen:
parasitten

Steirisches Datenspeicherschwein:
Ramsau

Belesene nordische Fabelwesen:
Schrif-Trolle

Bekommt alle E-Mails
in Kopie:
CC-Fliege

Modernes österreichisches System:
Nona-Technologie

Kritik vom Krankenhaus:
Hausgeburt des Bösen

Das allererste indische Kümmelbrot:
Papadam und Eva

Fortbewegungsmittel
für Kellner:
Oberschienen

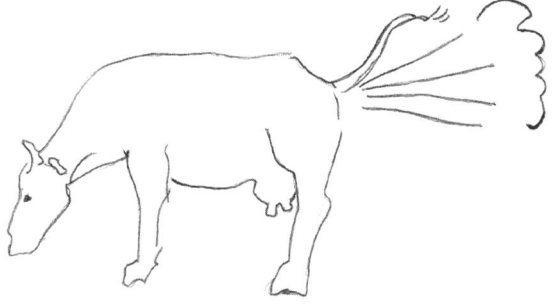

Rinder: Global Bläher

Falsches Kreuzerl auf Stimmzettel:
Favela

"Ich bin ein Friedrich" (engl.):
i'm afraid

Kurzer Witz
über Möbelhaus:
one-leiner

Griechische Enklave
in Zentralasien:
Tzatzikistan

Gefälschte Barocknoten:
Bachblüten

Klang von
ungarischen Schusswaffen:
Ballerton

Adelige Produzentin
von Nougatkonfekt:
Hilde Von So

Das Auto nicht
im Schatten abstellen:
Parkinson

Anpassungsfähige
Theresia aus Osttirol:
Resilienz

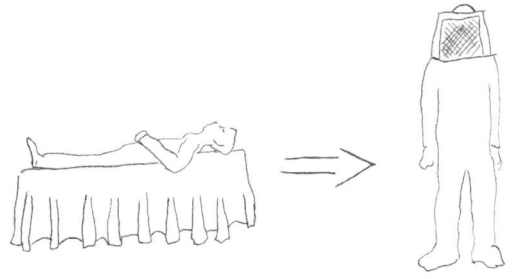

Wiedergeburt als Bienenzüchter:
Reimkernation

Ich töte, um zu essen:
kili mangiaro

Gesichtsmerkmal eines Rindes:
viehtscher

Eigenschaft von
Schwimmbadwasser:
Folklore

Nur mäßige Begeisterung zeigen: unterjubeln

Nachfahre von Zeitmessern:
Uhrensohn

Intensive mentale Auseinandersetzung
mit einer Klimazone:
jemand denkt Philantrophen

International bekanntes Schwein:
Wälztar

Pferdeunterwäsche: Haflingerie

Wechselseitig bärig:
peziprok

Griechische
Grasschneidesteuer:
Mäh-Taxa

Wahnsinniges Hüsteln:
Irrkutsk

Ägyptischer Taxilenker:
Fahrer O.

Bücher für kurz nach der Hochzeit: Flitteratur

Heruntergeschriebener Zug: Transkribirische Eisenbahn

Teuflische Mehlspeise: Dämohnstrudl

Wächst im germanischen Wald:
Wotanenbaum

In Flammen
stehende Rockband:
Rembrandt

Jüdisches Dancehouse:
Synagogo

Umsatz:
ich erfinde Wortspiele, um
Menschen zu unterhalten

Geschwisterloser Gartenzwerg:
Heinzelkind

Satz mit Exeget:
Die Trennung war schwierig,
ich bin aber froh, dass es
inzwischen mit der Exeget

Werden aus
Südösterreich exportiert:
entkärnte Zwetschgen

Kürschner:
Pelzebub

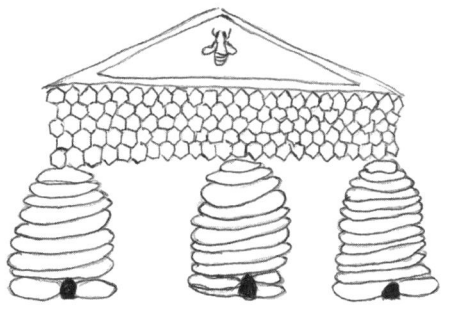

*Antikes griechisches
Bienenbauwerk:
Apropolis*

Macht Betten:
Bezugsperson

Landwirtschaftliche Fläche,
auf der Optiker anbauen:
Augenweide

Schuhe mit Sohlen versehen:
konsolidieren

*Volksaufhetzer
am Morgen bzw. Abend:
Dämmergoge*

Extrem verachten:
verneunen

Unter persischen Bauern bekannt:
bei Freilandhaltung von Hühnern
werden die Ayatollah

Trick von
zauberndem Rauchfangkehrer:
Kaminchen aus dem Hut

Mazedonische Vergrösserung:
Mikroskopje

Ordiniert gegenüber
von Osteopath:
Westeopath

Schwedische Figur aus „Heidi":
Malmöhi

Stellt fest, wie oft das Wort „Icher"
geschrieben bzw. gesagt wurde:
der Icher-Zähler

Unseriöse biblische Figuren:
Kain und Indiskut-Abel

Öffentlich:
unheimlich

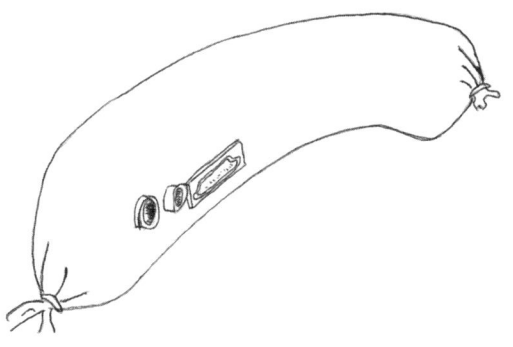

Wurstspezialität mit analogem Steckereingang: Auxburger

Irrige Annahme, einen alten
Ägypter gesehen zu haben:
koptische Täuschung

Patriotischer
austro-russischer Komponist:
Nikolai Vilimsky-Korsakov

Tschechisches Gelächter:
Praha

Spaziergang bei Regen: Frustwandeln

DIALEKT

Autofahr-Metapher:
Keinen metaphorisch weiter
bei diesen Straßenverhältnissen

Erfolgreiche Psychotherapie:
Klagenfurt

Abstrakter Maler hat heute frei:
Kandinstky

Dumme Stücke auf Lager:
Deppertoire

Sind Sie Kritiker? (ind.):
Sanskrit?

Eröffnung von
schlechter Ausstellung:
Vernischas

Der gesamte Betrag wird sofort fällig: Karate

Satz mit „echauffierte":
Sportlerin antwortet auf Kritik
an ihrem Nichterreichen
eines Podestplatzes –
„I bin doch diesmoi echauffierte"

Reifenplatzer: Carpaccio

Angeheiterter Theatereinflüsterer:
Bsuffleur

Die åndan san die Mehrheit: i pinterest

Demonstration von individueller Flüssigkeitsumleertechnik: Solarium

Wunsch nach Geborgenheit:
i mechat mi bei der Jennifer Aniston

Erstaunen über kostspieligen
portugiesischen Inselurlaub:
madeira is des wuan

Einladung zum Meditieren:
Kimchi

Tourettesyndrom:
wåmma in ana Tour redt

Nein, nein, ich muss
auf Reha gehen (griech.):
Nana Mouskouri

Jamaikanisch-österreichische Religion:
Gfrastafari

Anweisung an
griechischen Mathematiker,
das Gras zu schneiden:
Archi, mäh des

*Weibliches Elternteil
eines Raubtiers:
Bermuda*

Jemand, der häufig Sätze wie
"Geh bitte legast ma des do ummi",
"Legast ma des bitte aufm Schreibtisch"
u.ä. sagt, ist ein:
Legasteniker

Missglücktes Plädoyer:
des is jetz bled, oje

Keine
übersteigerte Zuneigung:
Kafetisch

Ein Auto ohrfeigen (ital.): Caravaggio

Niemand, der sich einer unrechten Handlung schuldig gemacht hat: Katheter

Satz mit Pharisäer:
Am Anfang hatte ich nicht viel Fahrpraxis, aber inzwischen Pharisäer gut

Sehr teurer Urlaubsort:
Costa Lavine

Kein jüdischer Geistlicher:
Karabiner

Gewitter kündigt sich durch amerikanischen Krapfen an:
es Donut

*Schlechte Ernte:
Hiobstbotschaft*

MUSIKALISCHES

Kann bei einem schlecht intonierenden
Kirchenmusiker passieren:
dass manche Töne zu hochwürden

Wie erkläre ich die Tonarten:
Wie tello Tonato?

Organ auf Konzertreise:
Turniere

Festliche Tonart:
Pompadur

Begleitagentur für Jazzmusiker:
Es-Chord-Service

Auf einem Barockkomponisten
abwärtsspazieren:
den Bach hinuntergehen

Traurige Verdi-Oper:
Der Troubamoll

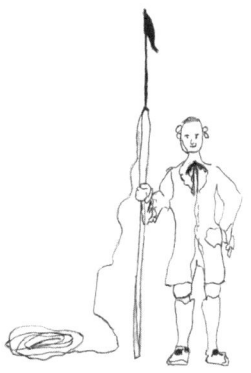

Von Tierschützern heftig kritisierter Komponist: Walfang Amadeus Mozart

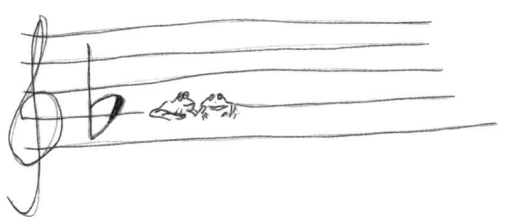

Gesunken

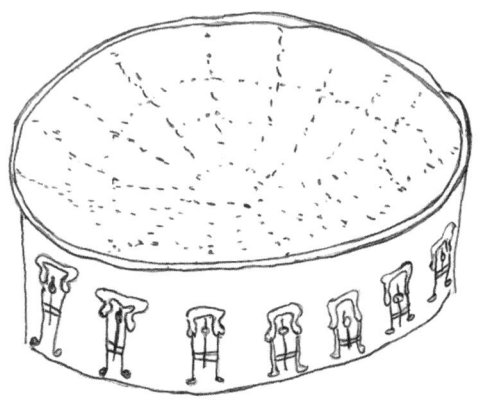

Um 1900 hergestelltes Perkussionsinstrument: Jugendsteeldrum

Aufforderung zum Klavierspielen:
Klimperativ

Vokale Darbietung
des Kellners Thomas:
Obertomgesang

Österreichisch-türkisches
Musikstück:
Dönerwalzer

Predigt ausschliesslich
in einem Intervall:
Terzbischof

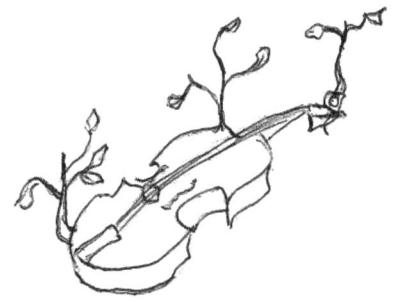

Streichinstrument aus ökologisch kontrolliertem Anbau:
Bioline

Gesehen

Betrunkene extremistische
Aufführung einer Verdi-Oper:
Alk-Aida

Freundliche
österreichisch-russische Damenkapelle:
Bussi Bussi Riot

Unverstärkt gespielte
gestohlene Melodie:
Unpluggiat

*Auf dissonante Musik
spezialisierter Chor:
Zwölfdonkosaken*

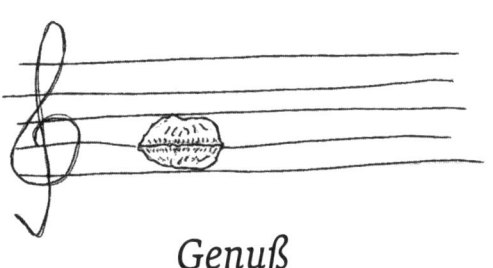

Genuß

Traditionelles tibetisches Instrument:
Himaleierkasten

Sehr großer Fan von
österreichischem Popstar:
Falcoholiker

Wenn er Rasenpflege verrichtet,
während ich unter Alkoholeinfluss stehe:
immer wenn ich zubin mehta

Gesund

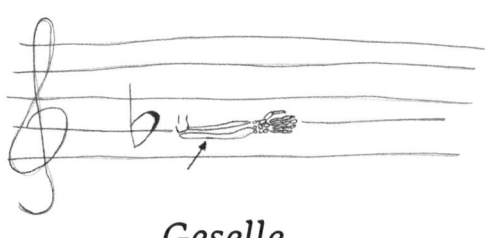

Geselle

Asbest

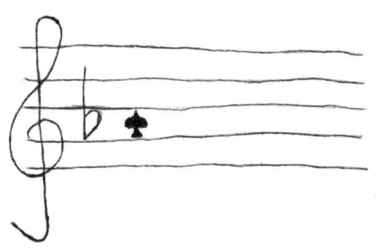

Aspik

Diskette

Distanz

Die Künstler: Gunkl und ...

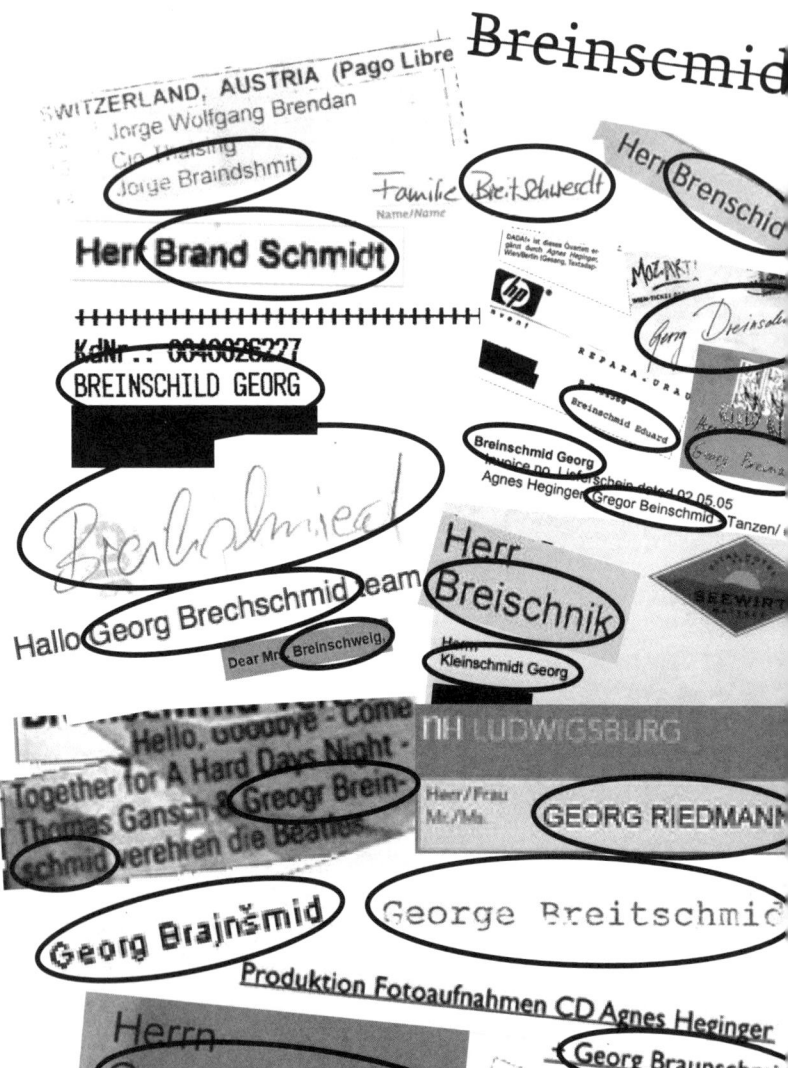

~~George~~ ~~Breindschmid~~
~~Brenschid~~ ... Georg Breinschmid

Jazzkonzert "anset at Trutz" ... Georg Breitenstein

FAMILIENNAME / surname
Brainschmied
VORNAME / first name
Georg

NATURE WAY
Klaus DICKBAUER - Saxofon
Herbert JOOS - Trompete, Flügelhorn
Smoky BREINSDORFEL - Bass

BREIN-SCHMIDT SIEHLKLOPER

Georg Breinhold

BREINSCHNITT

Georg Breinsmid, kontarbas

Georg Breinstein bass

Martin Koller
Mario Gonzi
Ronald Matky
Alexander Nöri
vienna art orchestra

Vienna Cafe in MOSCOW (AUSTRIA-RUSS...
Soloist: Arcady Shilkloper
Bass: Breynshmidt George (bass)
Violin soloist: Roman Janoschka
Piano soloist: Frantisek Janoschka (piano)

Sonntag
07.2008 21.00
Trutz Suvretta House, St. Moritz, 70 Plätze.
Agnes Heginger, Vocal
Georg Breinstein Kontrabass

KETTLE WALTZ FOR JENNY
Breinchmidt

Konrad Breinschmid

Transport till Kalix flygplats:
Ni blir hämtade från Comfort hotell
Georg Breinchmidt
1.10.20
11.00

Betreff: Re: du breischmid & gansch

basstrombone & tuba:
guitar:
bass: Georg Brunschmid
drums:
conductor:

Breinschnitt

GEORG BREITSTEIN

Georg Fronschmid

Sehr geehrte Herr Breinstein

Georg Breinschmid (li.) heißt so, weil sein Vater auch Breinschmid hieß. Er steht immer von April bis September unter der Zwangsvorstellung, ein Mango Lassi zu sein – durch diesen Druck wirft er nachts oft mit Karotten um sich und rezitiert das Alte Testament auf Suaheli, sein Hausmeister beruhigt ihn dann meistens (allerdings nicht immer). Er ist mehrfacher Träger des selben Sakkos wie vor einem Jahr, spricht nur mit Menschen, deren Nachname mindestens drei r enthält, und hat sich mit seiner Angewohnheit, in den Vorgärten fremder Häuser Ausdruckstanz zu üben, nicht nur Freunde gemacht, das aber dauerhaft. Georg ist einfach super.

Anmerkung des Verlags: Georg Breinschmid ist einer der herausragenden Kontrabassisten unserer Zeit. Seine Kompositionen werden von namhaften Ensembles und Orchestern weltweit aufgeführt.

Günther »Gunkl« Paal ist nach zwei vergeblichen Wiedergeburtsversuchen – einmal als Kupferschmied in der Frühsteinzeit und einmal als Drehorgeläffchen in einer belgischen Dorfdisco – ohne besondere Erwartungen einigermaßen pünktlich zu seiner Geburt zur Welt gekommen. Im Laufe der Zeit erklomm er ein entsprechendes Alter, aber er nimmt an, daß er das wohl wieder ziehen lassen wird und gegen ein aktuelleres wird eintauschen müssen.
Die Feder ist mächtiger als das Wort. Was rechtschreibung anget, stimt dass auf Jeden fal.

Anmerkung des Verlags: Günther »Gunkl« Paal ist als der Philosoph unter den österreichischen Kabarettisten bekannt. Er trat bisher mit 13 Soloprogrammen auf und ist Gewinner des Deutschen Kleinkunstpreises und des Österreichischen Kabarettpreises.